目录

U0314343

冰山

冰原

大浮冰

薄饼冰

极地在哪里

极地是世界上最寒冷的地方，它们分别在地球的两端。在南端的称为南极，在北端的称为北极。极地被厚厚的冰雪覆盖着，从遥远的太空望去，就好像是两块大大的白色斑点。这里虽然几乎看不见土壤，常常寒冷无比，却孕育着非常丰富的生命。

北极地区围绕着北极点，是一片汪洋大海，海面上漂浮着大大小小的浮冰。

南极地区围绕着南极点，是一块广大的陆地，被一层厚厚的冰覆盖着。

>>> "我是北极，我在地球的北端哦！"

>>> "我是南极，我在地球的南端哦！"

地球五带示意图

北寒带
北温带
热带
南温带
南寒带

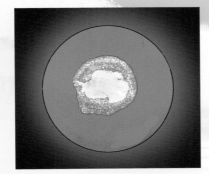

南极北极示意图

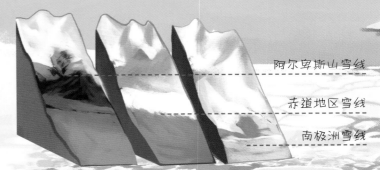

阿尔卑斯山雪线
赤道地区雪线
南极洲雪线

雪线

科学家常常根据雪线研究气候的变化。雪线以上的雪不会融化，雪线以下的雪在夏季会融化。

一片白茫茫的世界

就算你走遍全地球，也难找到比极地更加漂亮的地方了。放眼望去，一片雪白，偶尔有一个小黑点儿在远处移动，那可能是飞翔的海鸟。在极地，到处都是冰与海，它们共同创造了这个美丽的地方。

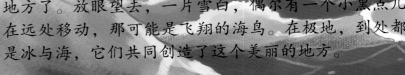

为什么极地地区这么寒冷呢？

在北极测到的极端低温曾达到-70℃，即使在夏季，温度也在5℃以下。而南极地区则更为寒冷，为什么极地会这么冷呢？其实，这和太阳的运动有关系。

1. 太阳离赤道近，阳光几乎是直射赤道地区，穿过的大气层最短，所以被大气吸收的热量就会少，而达到赤道地面、洋面的热量就会多。
2. 太阳斜射南极和北极，阳光需要穿过很长的大气层，所以到达极地的光照就少，那里也就变得很冷。
3. 冰层像镜子一样光滑，当阳光照到极地时，它们毫不留情地几乎把所有光照都反射了回去，这样极地就更冷了。
4. 慢慢地，两极地区的雪越来越多，逐渐形成了冰帽、冰川、冰山等各种地貌。

地球南北极被冰雪覆盖

海冰

海冰直接在海里冻结，融化后都是咸水。

冰山

冰山是一种巨型冰块。夏季，它们脱离极地冰川，发出巨响，随后在洋面漂浮，融化后是淡水。

薄饼冰

漂浮的小冰块在风和海浪的作用下，相互挤压，边缘逐渐凸起。这些边缘凸起的冰块看起来就像是一块薄薄的大饼，所以叫作"薄饼冰"。

大浮冰

小块冰在水面漂浮，很快，海水被一种冰浆覆盖，小冰块们慢慢聚拢，随后，降落的雪使小冰块们更加密实，渐渐出现了冰板或称"薄饼冰"。它们彼此碰撞，最后连为一体，就形成极地大浮冰。

冰原

冰原其实是比冰山更大的冰块，它们的面积可以达到几百平方千米。

冰川

冰川是由降雪累积形成的，它是地球上最大的天然水库。在南极洲，人们能欣赏到高达100米的冰川，只见大块的冰从上面掉下来，落入海洋成为冰山。场面十分壮观！

冰洞

冰川常常在融化，当融化的水顺着裂缝流进冰川里面，里面的冰就会跟着融化，慢慢形成了冰洞。

怎么这么冷呀？我听说热带雨林里很暖和啊！

是啊。但是我们可不能去那边，会热死我们的。一方水土养一方熊呀！

奇妙的极昼和极夜

极地是一个很特别的地方，那里的太阳不会早上升起，晚上落下，而是有时一整天都挂在空中，即一天24小时都是白天；有时一整天都不出来，即一天24小时都是黑夜，这就是奇妙的极昼和极夜。

在北极圈和南极圈，一年中有6个月是白天，6个月是黑夜。

☘ 极昼极夜示意图

春分（3月21日）
北半球春季
南半球秋季

夏至（6月22日）
北半球夏季
南半球冬季

北半球冬季
南半球夏季
冬至（12月22日）

地球公转轨道

秋分（9月23日）
北半球秋季
南半球春季

☘ 地球公转示意图

现在是夏季，北极圈里全部是白天，而南极圈里全部是黑夜。

现在是冬季，北极圈里全部是黑夜，而南极圈里全部是白天。

太好了，我现在这里是极昼，太阳永不落，天空总是亮的，你那里呢？

傻瓜，这里当然是极夜，咱俩正好反着呢……快来救我吧，黑咕隆咚啥也看不见啊！

3

① 很久很久以前，今日冰川覆盖的北极曾是亚热带气候，温暖又潮湿，森林茂密，植物丰富，生活着许多乌龟、短吻鳄和原猴。

模样大变的北极

地球上的气候发生过极大的变化，从前相当温暖的地方，现在变得十分寒冷，比如北极。

② 茂密的森林里又有了猛犸象、野马和剑齿虎等新的居民。

③ 后来随着大陆板块漂移，北极的气候变冷了。天气越来越冷，许多植物枯萎，动物们纷纷离去。

④ 到了大约300万年前，绿色的北极不见了，那里开始结冰。

⑤ 又过了100多万年，冰层覆盖了整个格陵兰岛，并不断有浮冰向外扩张。

⑥ 大约2万年前，许多动物经过白令海峡进入北极，其中就有北极熊的祖先和北美驯鹿。除了动物，因纽特人和美洲土著居民也来到了北极。

泰坦尼克号

冰山真可怕

1 巨大的冰山漂浮在海面上,它们缓慢地运动,人们用肉眼无法看出来。

2 冰川从两极不断向外延伸,当其边沿崩裂,落入海洋的巨大冰块就成为了冰山。

3 冰山向赤道方向漂移,因为气温越来越高,许多都分解成了小冰块。

4 小冰块不断地融化,最后消失。

5 有的冰山特别巨大,很难融化,其绝大部分沉在海中,海面上只露出一小部分。

6 1912年4月10日,庞大的"泰坦尼克"号从英国出发,驶往美国。航行中"泰坦尼克"号撞上冰山,不仅船裂成两半,沉入海底,还使1500多人丧生。这是人类航运史上的一次大灾难!

冰山
——巨大的淡水库

　　人类水资源缺乏,可是,冰山却含有大量的淡水,可以供人们饮用。不过,人们还无法把这些冰山运上大陆,如果能解决这个问题,那么许多干旱荒漠地区就可以变绿洲了。

生活在北极地区的动物

北极虽然很冷，可是许多动物都适应了这里的气候和环境，有的动物甚至专门来到北极生活，它们一起组成了快乐的北极动物大家族。

海鸥

黑海鸠

北极燕鸥

海鸠

一角鲸

三趾鸥

抹香鲸

管鼻鹱

北极黄金鸻

白鲸

海象

绒鸭

弓头鲸

驯鹿

麝牛

鳕鱼

虎鲸

鞍纹海豹

大比目鱼

北极狼

北极狐

环斑海豹

旅鼠

北极兔

毛会变色的小动物

北极狐

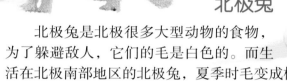

冬季，北极狐的毛是纯白色的，在冰雪中行走时，可以很好地保护自己；到了夏季，冰雪融化，它们的毛就变成了青灰色。

北极兔

北极兔是北极很多大型动物的食物，为了躲避敌人，它们的毛是白色的。而生活在北极南部地区的北极兔，夏季时毛变成棕色。

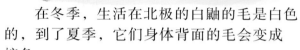

白鼬

在冬季，生活在北极的白鼬的毛是白色的，到了夏季，它们身体背面的毛会变成棕色。

鞍纹海豹

鞍纹海豹在小时候，长着一身白色的毛，大家都叫它"白外套""白大衣"，慢慢地，从背部两肩处斜向着尾部的毛变成了两条黑色的带子，远远一看，像极了"马鞍"。

柳雷鸟

柳雷鸟在冬季时，会长出白色的羽毛，而到了夏季，它们就会换上条纹状的棕色羽毛。

北极狼

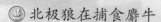
北极狼在捕食麝牛

独特的生存技巧

储存食物

北极狐很喜欢存储食物，夏季它把吃剩的食物带回窝里，有的用石头压着，有的塞进石头缝里，还有的埋在地下。到了冬天，捕不到食物时，它就可以开始慢慢享用了。

谨慎回巢

雪兔非常善于在雪地中奔跑。它们十分谨慎小心，巢穴不固定，而且每次回巢时，总会七拐八弯地绕很远，并一边仔细观察，一边后退着进巢。

迁徙

夏季到来后，驯鹿成群结队地从苔原地区向更冷的高山地带奔跑过去。

集体捕猎

北极狼捕食麝牛时，总会把弱小的或老的麝牛作为捕食目标。开始时，它们从不同方向包抄，把麝牛围拢在一块。接着，狼群分成几个小组，轮流进攻，直到麝牛疲惫不堪，最后发动突然袭击，常常可以成功捕获猎物。

北极霸主——北极熊

北极熊只生活在北极地区，它们是那里最大、最危险的动物。北极熊还有一个名字叫"那努克"，意思是"伟大的猎手"。

瞧，我们的身体多么壮实！哈哈，这是因为我们从来不挑食，从小小的贝壳到大大的白鲸，只要有肉，我们都爱吃。

不过，北极地区食物很少，为了生活，我们只能想尽法子捕猎了！

❶ 一只北极熊妈妈带着宝宝守在冰面的一个气孔旁，冰层下，一只海豹正游过来。

❷ 海豹小心翼翼地把头探出来，想要呼吸些新鲜空气。突然，一只大掌拍下来，海豹差点晕过去。

❸ 海豹还没反应过来，北极熊妈妈迅速打碎冰层，等海豹想要逃跑时，已经被北极熊妈妈牢牢地抓住了。

🌱 北极熊捕食记

北极熊平时都是独自生活和捕猎的，不过，遇到一头搁浅的鲸鱼时，就会出现几十只北极熊一起聚餐的情景，令人十分震惊！

① 每年的11月，是北极熊妈妈们生宝宝的季节。它们来到覆盖着厚厚积雪的山谷中。

② 等到12月时，北极熊妈妈生下两三只小北极熊。它们只有妈妈的脚掌那么大。

③ 整整一个冬季，北极熊妈妈和宝宝们都待在洞穴里。虽然北极熊妈妈没有吃一点食物，但它很用心地喂养着宝宝。

④ 春季到来后，北极熊妈妈推开洞口的积雪，带着宝宝们来到洞外。

⑤ 北极熊妈妈非常温和、细心，它时时刻刻保护着小北极熊，还教给它们生存的技巧。

⑥ 2年后，小北极熊长大了，它们离开妈妈，开始独自生活。

北极熊的出生和长大

北极小丑——海象

在北极地区的海洋里，除了鲸鱼，海象是最大的哺乳动物了。它们身躯庞大，雄海象有两个雌海象那么大，体重可以达到2吨重，因为皮肤很像大象的皮肤，所以被称为海象。

① 皮肤有很多褶皱，像老橡树皮一样粗糙。
② 一双红红的小眼睛，几乎看不见什么东西。
③ 长长的獠牙是它们独特的标志。
④ 毛发稀疏又坚硬。
⑤ 四肢又短又小，就像一个大大的手掌。
⑥ 触须像细细的梳齿，可以搜寻食物。

海象的獠牙非常独特，它们长长地从嘴巴里伸出来，不仅不会让海象难受，还是海象的好帮手呢！

爬出水面

獠牙可以作为冰锥，帮助海象爬上浮冰。

在海象群中，哪一头海象的獠牙最强大，哪一头海象就是海象群的首领。

挖掘工具

海象潜入海底时，一对巨大的獠牙上下挥舞，不断地挖掘泥沙，使隐藏的猎物暴露出来。

打斗武器

遇到敌人或对手时，海象就用獠牙保护自己，对付敌人。

什么是北极冻土带

① 很久很久以前，在北极的乔木区和冰原区之间，有少量的平原，随着气温慢慢升高，那里的冰川逐渐消融。

② 风不断地吹来尘土和其他一些颗粒，堆积得越来越多，于是就形成了一片贫瘠的土地。

③ 蓝藻和真菌首先来这里定居，它们努力地改善着贫瘠的土壤。

④ 藻类和真菌逐渐繁殖，并联合起来，形成地衣。

⑤ 土壤里的营养物质越来越多，不断有新的植物生长出来。

⑥ 死亡的植物、动物，以及动物们排出的粪便，又成为了土壤中的肥料。

⑦ 冻土带的植物越来越多，现在每到夏季，那里总是五彩斑斓，一片热闹景象。

地衣

我们会释放出地衣酸，腐蚀岩石，分解里面的营养物质。

繁忙热闹的 "绿色天堂"

长尾贼鸥

每当夏季来临，动物们纷纷搬迁到这里，冻土带出现了短暂的热闹景象！

南迁的动物

驯鹿、潜鸟、白额黑雁、穗鹛、雪鹀。

皮毛变白的动物

雪兔、北极狼、北极狐、雷鸟。

挖洞和躲藏的动物

地鼠、旅鼠。

驯鹿

每年夏季，驯鹿都会来到冻土带产下后代。

白鼬

旅鼠

旅鼠待在坑道里，一边吃存储的种子和草，一边继续挖洞寻找新鲜食物。

旅鼠

潜鸟

滨鹬

矛隼

当第一场雪降临，以驯鹿为首的动物们纷纷向南迁走，留下的小动物不是换上了白色的皮毛，就是挖掘洞穴，准备过冬了。

南迁的鹿群

麝牛

麝牛可以忍受-70℃的严寒，它们用坚硬的头和蹄子打破冰层，寻找食物。

北极狐

北极兔

北极兔用脚蹬破冰层，啃食冰下的植物。

地鼠

地鼠一起挤在洞中冬眠。

麝牛

野兔

地鼠

植物

地衣、苔藓、蝇子草、羊胡子草、北极罂粟、矮柳。

雷鸟

北极狼

欢迎来到南极大陆

南极大陆在地球的最南端，那里比北极还要冷。冬季时，南极大陆的气温会降到近-90℃；夏季最热时，温度也只有零上十几度。南极大陆几乎都被厚厚的冰层覆盖着，那里大陆上的生物很少，但是周围海水中生活着许多海洋动物。南极是全世界唯一没有人类定居的地方。

不断冒气的南极火山

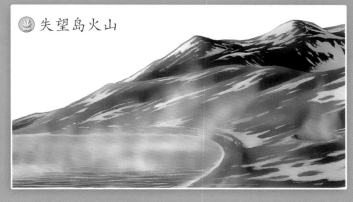

失望岛火山

没想到吧，在地球上最冷的地方——南极大陆，也有火山哦！

南极洲西边有许多岛屿，不断冒出的火山气体告诉人们那里存在着火山。罗斯岛的厄瑞玻斯山海拔高达4023米，气体喷发时十分壮观，只见炽热的熔岩充满冰川，使冰川一边融化，一边沸腾着。

可怕的南极冰层

南极大陆的冰层平均厚度约为1700米，最厚的地方可以达到2800米。据科学家估计，如果这些冰层全部融化，将会使世界海平面大约上升60米，到那时，许多沿海城市都会被淹没，是人类一次巨大的灾难。

罗斯岛火山

失望岛火山

失望岛火山是一座沉睡的火山。

① 中央有一条裂谷，从裂缝中冒出的热蒸气将覆盖火山的雪和冰都熏成了黑色。

② 海水流入失望岛后，上面的水温度升高，变成了水蒸气，而深约20厘米的海水，却依旧是冰水。

③ 失望岛火山已经喷发了好多次，位于水边的火山口形成一个名副其实的天然港口。

哪些动物居住在南极海洋中？

跟北极地区相比，南极大陆几乎没有植物生长，海洋中的动物也少了很多，但是，这些可爱的动物们一起努力，把冰雪覆盖的极地变得生机盎然。

小须鲸

长须鲸

蓝鲸

虎鲸

虎鲸常常偷袭海豹，将在浮冰上休息的海豹猛地推入水中，成为自己的美餐。

蓝鲸

蓝鲸四处寻找磷虾。

巨型海绵

乌贼

大王具足虫

虎鲸

南极巨海燕

信天翁

豹海豹

阿德利企鹅

岬海燕

帝企鹅

韦德尔海豹

罗斯海豹

象鼻海豹

食蟹海豹

磷虾

帝企鹅

帝企鹅是企鹅中个头最大的。

韦德尔海豹

韦德尔海豹的切齿很锋利，可以迅速地在冰层上凿出气孔。

食蟹海豹

食蟹海豹只吃磷虾，不吃螃蟹。

阿德利企鹅

所有企鹅都一样，在入水游泳时，身后会留下一串气泡的轨迹。

象鼻海豹

象鼻海豹是世界上最大的海豹，当它们兴奋时，鼻子会像气球一样鼓起来。

罗斯海豹

罗斯海豹和其他海豹一样，在水中游泳时会关闭鼻孔，防止水进入肺部。

信天翁

有的信天翁能活到60岁，它们一生中大部分时间都在海洋上空飞翔。

海鞘

冰鱼

海蜘蛛

海星

帝企鹅是南极真正的主人

帝企鹅，又叫皇帝企鹅。它是南极企鹅中个头最大的，而且不管夏季还是冬季，从不会离开南极，所以，它们才是南极真正的主人。

帝企鹅的成长故事

① 寒冷的冬季到了，帝企鹅夫妇们开始寻找产卵的地方。

② 几个月后，企鹅妈妈产下一枚梨形卵。它们把卵宝宝交给企鹅爸爸，就去很远的浮冰区捕猎了。

③ 企鹅爸爸将卵放在自己的脚上，用腹部下端的皮肤把蛋盖住。为了保持蛋的温度，它们一直站着，不吃饭，不睡觉。

④ 大约两个月后，企鹅宝宝终于出生了。

⑤ 企鹅爸爸和企鹅妈妈轮流捕食，照顾小宝宝，直到小宝宝被送进一些年纪大的企鹅开办的"幼儿园"。

⑥ 这时，企鹅宝宝的毛外套可以御寒，但还不能下海游泳。直到夏季到来，冰层开始融化，它们开始第一次换毛。

⑦ 小企鹅的皮毛换成了可以防水的，终于它们可以像爸爸妈妈那样下海了。

北极燕鸥

为了躲避极地的寒冷天气，每当北极进入冬季，北极燕鸥就会不远万里地飞到南极，那里正好是夏天；当南极进入冬季时，它们又会飞回北极生活。所以，北极燕鸥是世界上迁徙距离最远的鸟。

鲸

大个头的鲸利用厚厚的脂肪层来防寒。

麝牛

麝牛群为了取暖，会集结在一起，形成一个圆形的壁垒。

极地的动物是怎样过冬的？

南极冰鱼

生活在南极的鱼身体里有一种类似于"防冻剂"的蛋白质。这种蛋白质可以保证血液循环，所以南极冰鱼不会被冻死。

北极熊

北极熊的皮毛可以防风御寒。不过，北极熊妈妈还是会挖一个大洞，带着宝宝躲进洞里。

21

巨大而危险的鲸

由于进食的方式不同，鲸可分为两大类，一种是齿鲸，另一种是须鲸。

你知道哪些鲸是齿鲸吗？

瞧，那些长着锋利的锥形牙齿，可以捕食鱼类、海豹、乌贼和海鸟的鲸就是齿鲸。齿鲸非常合群，常常一家人生活在一起。

虎鲸

虎鲸是最大的齿鲸，它们可以长到约10米长，生活在世界的各个海洋中。虎鲸成群捕猎，有时会突然掀翻浮冰，使趴在上面的海豹和企鹅落入海中，这样就能轻易地捕获它们了。

抹香鲸

抹香鲸常常几头一起行进。在极地水域中，抹香鲸与大王乌贼的激烈搏斗每次都让人看得惊心动魄！

白鲸

白鲸是一种小型齿鲸，生活在北极地区。这种鲸鱼可以发出各种不同的叫声，因此被称为海中"金丝雀"。

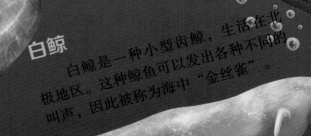

露脊鲸

露脊鲸彼此非常信任，常常组成一支队伍沿着海岸巡游，把猎物围拢在一块。

长须鲸

长须鲸的体形只比蓝鲸小哦！长须鲸的鲸须排列得很稀疏，常常吃几厘米大小的磷虾。

格陵兰鲸

格陵兰鲸终年生活在北极地区。它们的鲸须排列得比较紧密，主要食物是只有几毫米大小的凤螺和桡足类动物。

蓝鲸

蓝鲸是世界上最大的动物。

哪些鲸属于须鲸呢？

瞧，它们张开大大的嘴巴游了过来，没有锋利的牙齿，在上腭两侧长着像梳齿一样的须。现在，我们来认识一下须鲸吧！

极地海洋食物链

鲸

鸟

北极熊

企鹅

海豹

海象

鱼

鱼、虾、水母

小鱼、螃蟹

磷虾

浮游植物

"海藻汤"是极地动物生存的基础。

浮游植物（硅藻、衣藻、蓝藻等海藻类）

贻贝、蛤、海螺

雪鸮

旅鼠

北极狼

野兔

植物

冻原地带和冰面食物链

一起来认识珍贵的极地植物

极地是一个非常寒冷的地方，但是，许多植物抓住极短暂的夏天，顽强地生长下来，像一颗颗五颜六色的宝石闪耀在"白色沙漠"中。

叠层石

蓝藻和细菌混合在石灰泥里形成叠层石，有的高达数米。在澳大利亚和北极地区，在35亿年的古老岩石中可以找到其痕迹！叠层石可能是地球上最古老的生命痕迹。

羊胡子草

开着白色小花的羊胡子草，常常生长在北极冻土地带的水源旁边。

地衣和苔藓

在南极地区的山谷和潮湿地方，生长着苔藓和地衣，虽然无法养活大型食草动物，却是螨虫和昆虫（如弹尾虫等）的乐园。

挪威虎耳草

挪威虎耳草开花很早。它们一大片地生长，齐心合力地抵抗极地强风。

植物为什么没有被冻死？

植物会被冻死，那是因为随着气温降低，植物体内的液体被冻结，细胞破裂，所以植物会死亡。可是，许多极地植物体内的液体只在温度低于-38℃时才会被冻结，所以，顽强地生存着。它们会在短暂的夏天里拼命地生长。另外，一些植物无法在短时间内结出果实，它们就会不断地积蓄能量，直到几年后才结果、成熟，繁衍生命。

北极罂粟

北极罂粟总是向着太阳开放，随着太阳的移动，花朵也跟着移动。黄色的花像一个茶杯，每一片花瓣又像是一面镜子，把太阳光反射到中心的花蕊上，收集阳光，保证种子快快成熟。

蝇子草

蝇子草开白色或粉红色的小花，它的种子是当之无愧的"长寿王"。俄罗斯的科学家从深大约40米的冻土中发现了蝇子草的种子，研究后发现，这些种子已经在土壤里沉睡了3万年，种植后，还能发芽、生根，实在令人惊奇。

矮柳

北极苔原有一种矮柳，它们贴着地面生长，虽然只有2~3厘米高，却有和其他大树一样的树干和树叶！这种树应该是世界上最低的树了。

谁住在冰天雪地的极地

南极地区没有人长时间居住，虽然科学考察站里有人驻守，但常常会轮换。而北极地区，不仅有人一辈子都生活在那里，还有不同国家的许多城市。

萨米人

萨米人也叫拉普人。他们身材矮小，皮肤黄色，颧骨高高的。很早以前的萨米人赶着鹿群，带着帐篷在北极冰原上过着游牧式的生活。现在，他们虽然不再过游牧生活，可依然饲养鹿群。

因纽特人

因纽特人，是北极地区的土著居民，以狩猎为生，其猎物有海豹、驯鹿、北极狐、北极熊、鳕鱼等，他们追随着猎物过迁移生活。因纽特人的房屋有石屋、木屋和冰屋，其中冰屋最有特色。

楚科奇人

楚科奇人是生活在北极地区的俄罗斯少数民族。他们以狩猎、养鹿和捕鱼为生，平时的交通工具是狗或鹿拉的雪橇。

圣诞老人村

芬兰是圣诞老人的故乡，而距离芬兰的罗瓦涅米城大约8千米的北极圈上，还有一个圣诞老人村。这个村子的房屋全部用木头建造，有邮局、圣诞老人办公室、礼品店、鹿园等。游客们来到这里，不仅可以拜访圣诞老人，还可以得到一张跨越北极圈的证书。每年，有许多来自世界各地的信寄给圣诞老人。这里，充满了幸福和快乐！

现在，因纽特人不再靠打猎为生，也住进了有暖气的房子，搭建冰屋的技术正在慢慢失传。

圆顶冰屋

因纽特人在外出狩猎时，常常会制造一种冰屋作为临时休息的地方。虽然是用冰雪建的，可是能够隔热保温，很好地抵御寒冷。下面，学习怎么建造冰屋吧！

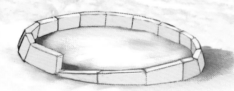

❶ 用雪堆积、压实成冰块，并打好地基。

❷ 按螺旋向上的方式，层层放置冰块。

❸ 冰屋盖好后，用雪密封冰块间的缝隙。

❹ 砌上临时出入口，再挖通冰屋入口，就可以进冰屋休息啦！

快来欣赏极光吧

生活在极地的人们，常常可以看见高高的空中有大大的幕布，绿色的、金黄色的、紫红色的、银色的……它们悬浮着，美丽又壮观，这就是极光。在北极，称北极光；在南极，称南极光。其实，极光现象是由太阳活动而产生的。

极光从哪里来？

1. 地球被一个巨大的磁场包围着。
2. 太阳喷射出带电粒子流，它们在宇宙中四处奔跑，所以也叫"太阳风"。
3. 一部分"太阳风"被地球磁场吸引过来。
4. 南极和北极的磁场最"强大"，引导着"太阳风"在极地奔跑。
5. 当"太阳风"和地球大气层发生碰撞时，就产生了五彩斑斓的极光。

为什么极地的天空有许多太阳呢？

在两极，空中悬浮的无数冰晶反射日光，造成错觉。因此，人们有时会感觉天空中悬挂着好多月亮和太阳！

建造居住的帐篷

极地探险

虽然很久以前，就有人搬迁到北极圈居住，可是，对极地的探索时间却很短。极地是一个非常神秘的地方，那里无比寒冷，荒凉又寂静，这激发了许多科学家的想象和探索欲望。

南极考察站

南极考察站

随着破冰船的发明，人类在极地的行进更加安全。游客们站在破冰船上，可以从容地欣赏极地风光啦！

破冰船

南极考察站

站房是科考队员们居住的地方，在里面可以避风、防寒、防雪、防火。中国的中山站和俄罗斯的进步二站呈四方形，而澳大利亚的站房看起来就像一颗红苹果。

① 从前，人们认为地球的南方是一片充满热带风光的美丽地方。1773年，英国航海家詹姆斯·库克成为世界上第一个横穿南极地区的人。他沿着浮冰，绕着南极大陆行进，还登上了南极冰山。第一次向人们证明关于"南极是热带风光"的想象有多么可笑。

② 1909年4月6日，美国人罗伯特·皮尔里到了北极点。他是世界上第一个到达北极点的人。

罗伯特·福尔肯·斯科特和同伴们

③ 1910年，英国人罗伯特·福尔肯·斯科特和同伴们向南极出发。结果，他们虽然成功到达南极点，却在返回的途中，由于饥饿和疲劳全部丧生。而这时，他们距离补给点仅有18千米，实在令人遗憾。

④ 理查德·伯德是世界上第一个乘飞机飞越南极的人。

英国航海家詹姆斯·库克

31

危险的二氧化碳和氟利昂

二氧化碳

1. 热带雨林被大量砍伐。
2. 工厂排出的废水、废气。
3. 汽车尾气。
4. 人们的生活垃圾。
5. 地球上空的二氧化碳含量越来越多,就像一个罩子。
6. 地面反射的太阳光被阻挡回来。
7. 地球变得越来越热。
8. 许多年后,极地冰川融化,海平面上升,城市将被淹没。

氟利昂

1. 地球上空有一层厚厚的臭氧,它像雨伞一样撑在地球上,阻挡着紫外线,保护人类。
2. 使用电冰箱、空调、清洁剂时,排放出氟利昂。
3. 氟利昂一直上升到大气层,经过阳光的照射,破坏臭氧分子。
4. 1982年,科学家在南极上空发现了"臭氧洞",罪魁祸首就是氟利昂。
5. 强烈的紫外线穿过臭氧洞,辐射着生活在极地的人和动物,慢慢地,这里的人开始生病,动物们开始死亡。

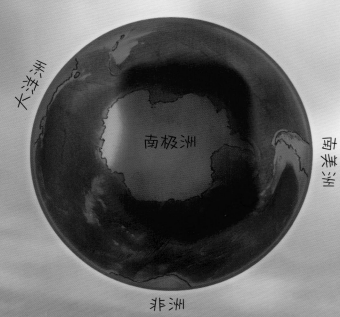

大洋洲

南极洲

南美洲

非洲

臭氧空洞示意图